香江社会救助基金会
Heungkong Charitable Foundation

香江心灵成长计划
CHILD MENTAL HEALTH PROJECT

儿童心理健康活动训练手册

感恩与生命教育

香江社会救助基金会　编著

广东高等教育出版社
Guangdong Higher Education Press
·广州·

图书在版编目（CIP）数据

感恩与生命教育 / 香江社会救助基金会编著. -- 广州：广东高等教育出版社，2024. 7. --（儿童心理健康活动训练手册）. --ISBN 978-7-5361-7710-9

Ⅰ. B083-49

中国国家版本馆 CIP 数据核字第 20249Z7R48 号

GANEN YU SHENGMING JIAOYU

出版发行	广东高等教育出版社 地址：广州市天河区林和西横路 邮编：510500　电话：（020）87554153 网址：www.gdgjs.com.cn
印　　刷	广州市新思程印刷有限公司
开　　本	890 mm × 1240 mm　1/16
印　　张	1.75
字　　数	30 千
版　　次	2024 年 7 月第 1 版
印　　次	2024 年 7 月第 1 次印刷
定　　价	12.00 元

编委会

前言

可爱的孩子：

这是你的成长绘本。你将通过绘画、书写等方式表达自己的想法和感受，使其与其他绘本不同，成为你的第一本作品书。

你不需要用任何特殊技能来填充页面内容。只需根据你的第一印象，用线条、形状和颜色把你脑海中的画面画下来即可。

从第一页开始，按顺序进行创作。如遇到你不懂的文字或不明白的内容，你可以向大人提问。

当你已经做了几页，请停下来，与关心你的家人、老师、朋友分享你的作品。

我希望你在创作这本作品书的过程中找到乐趣。当你与大家分享你的想法和困难时，你将会理解感恩是什么，并在日常生活和学习中学会如何感受爱、表达爱。

教师签名：________________

目 录

第一课
感恩父母

迷宫游戏

看完《小威向前冲》，我们一起来复习知识，知道每个孩子都是来自精子和卵子的结合，是爸爸妈妈爱的结晶。请完成迷宫游戏，用线连接精子和卵子。

精子

参考答案

孕育新生命是一个漫长又艰辛的过程，我们要尊重和感谢父母，同时也要珍惜父母给予我们的宝贵生命。

看完《小威向前冲》，你喜欢这本绘本吗？说一说，写一写你的感受吧！

问卷小调研：亲爱的父母，您辛苦吗？

同学们，请问一问父母，符合情况的打钩（√）

1. 您工作时不能准时吃午餐或晚餐。（　　）
2. 您既要工作，又要做家务。（　　）
3. 您经常为买什么菜、做什么饭而烦恼。（　　）
4. 您不能准时回家与我一起吃晚饭。（　　）
5. 做完工作和家务后，您经常感到疲倦。（　　）
6. 下班回家后，您仍要给我检查作业，辅导我的学习。（　　）
7. 您经常为我的事情而操心。（　　）
8. 晚饭后，您仍要继续工作。（　　）
9. 您晚上睡眠的时间经常少于八小时。（　　）
10. 晚上您会到我的床边看我睡得如何，为我盖被子。（　　）
11. 您在外地工作，每天都非常劳累。（　　）
12. 您周六或周日仍要工作。（　　）

护蛋大作战

每一组设计出合适的保护鸡蛋的装置。请同学们把想到的方法在小组内讨论，画出思维导图，并简单地画出设计图，然后动手进行实验。

爱心折纸

亲爱的同学们：

课堂上学习了爱心折纸法，你能否掌握方法呢？按照后面的爱心折法图片多练习，就可以将更多的爱心送给爸爸妈妈啦！

将折好的爱心，一个个贴到下面的爱心大框下，存储满满的爱心、满满的爱意！

爱心折法（1~6）

01

- 将彩纸按对角线对折，折成如图所示的三角形

02

- 按照同样的方法将彩纸的另外一个对角线折痕折叠出来

03

- 将彩纸打开，显示如图折痕

04

- 其中一个角沿中线折痕往里内折三角形

05

- 另一对角对齐内折三角形边线对折

06

- 左边突出部分折纸沿竖线折痕内折

爱心·折法（7～12）

07

● 方法同步骤 06，沿竖线折痕内折

08

● 折纸翻转，将突出的小三角沿折痕折起

09

● 另一小三角折法同 08

10

● 将突出的边角平行竖线折痕往里内折

11

● 方法同 10，将另外一个角折起

12

● 折纸翻转，爱心完成

我爱家长答谢券

我觉得爸爸妈妈/爷爷奶奶/外公外婆/其他家长每天都有很多事情要做，他们非常辛苦，所以我要答谢他们。

同学们，填完答谢券以后，就可以送给亲爱的家长们表达感谢啦！

我爱家长答谢券	凭此券， 家长可以请我帮他/她按摩。 家长签字：__________ 孩子签字：__________

我爱家长答谢券	凭此券， 家长可以请我帮他/她洗衣服。 家长签字：__________ 孩子签字：__________

我爱家长
答谢券

凭此券，

家长可以请我帮他 / 她做家务。

家长签字：__________

孩子签字：__________

我爱家长
答谢券

凭此券，

家长可以请我帮他 / 她__________

（由家长填上）

家长签字：__________

孩子签字：__________

我爱家长
答谢券

凭此券，

家长可以请我帮他 / 她__________

（由家长填上）

家长签字：__________

孩子签字：__________

第二课
感谢朋友

“朋友”这样写

一、写一写：“朋”的甲骨文、篆文、隶书及楷书

朋（péng）

古代以贝壳为货币，五贝为一串，两串为一朋。

衍生义：引申指“同有所系者（或有共同志向、共同利益、共同爱好的人）”。

彼此友好的人：朋友、朋辈、朋侪、朋俦、宾朋、至爱亲朋。成群：群居朋飞。

甲骨文

篆文

隶书

楷书

二、写一写：“友”的甲骨文、篆文、隶书及楷书

友（yǒu）

最初的“友”字由两个“又”构成，意思是两个人的手协调工作，由此产生相好、朋友的含义。汉字隶定时经简化形成现在的写法。两人两手相交，表示友好，自古已然。现在的朋友见面“握手”，正可作“友”字的注脚。

彼此有交情的人：朋友、友谊、友情。

有亲近和睦关系的：友邦、友邻。

相好，互相亲爱：友爱、友善。

甲骨文

篆文

隶书

楷书

我的感谢行动

亲爱的同学：

你曾经接受过别人的照顾、帮助和鼓励吗？具体是什么事情？你当时有怎样的感受？如果你有具体的经历，请与我们一起分享。分享可以是画画或文字。

我曾经受人照顾、帮助和鼓励的事：

当时我的感受是：

我这样表达感谢：

友谊小书签

亲爱的同学们，我们一起来收集关于赞美朋友、友情的句子，做出漂亮的小书签，并在书签空白处填写你收集的句子。

第三课
感念师恩

老师的一天

请选定一位老师，观察他一天的工作，并记录在下方的表格里。

__________老师的一天

观察者：__________

班　级：__________

日　期：__________

时间	老师的工作

理想教师与理想学生

写一写你心中理想的教师和学生是怎样的，并写下想对老师说的话。

理想教师

理想学生

我想对老师说的话：

____

____

____

____

____

第四课
感恩生命

我的感悟

阅读了《大脚丫跳芭蕾》，在贝琳达的舞蹈中除了看到芭蕾舞者优美的动作，你们还能看到什么，感悟到什么呢？请在方框里面写下来。

我的 30 岁自画像

亲爱的同学们：

想一想 30 岁的自己会是什么样子（样貌和性格）？给自己画一幅自画像，并填上重要信息。

姓名：

年龄：

居住地：

职业：

第五课 新年团圆啦！

我的窗花作品集

剪窗花是民间剪纸艺术的一种。剪窗花流行于我国各地，以陕西最为著名。许多人家的窗户上都贴有窗花。特别是在过年时，人们将剪纸作为装饰品，在窗户上贴窗花已成为一种传统。

贴照片留念

感谢陪我一起参加“感恩与生命教育”课程的小伙伴！

贴照片留念

感谢陪我一起参加“感恩与生命教育”课程的教师/社工/志愿者!

贴照片留念

感谢给予我支持、关心和爱护的家人！